Talhaiarn

Robert Jones

Nabu Public Domain Reprints:

You are holding a reproduction of an original work published before 1923 that is in the public domain in the United States of America, and possibly other countries. You may freely copy and distribute this work as no entity (individual or corporate) has a copyright on the body of the work. This book may contain prior copyright references, and library stamps (as most of these works were scanned from library copies). These have been scanned and retained as part of the historical artifact.

This book may have occasional imperfections such as missing or blurred pages, poor pictures, errant marks, etc. that were either part of the original artifact, or were introduced by the scanning process. We believe this work is culturally important, and despite the imperfections, have elected to bring it back into print as part of our continuing commitment to the preservation of printed works worldwide. We appreciate your understanding of the imperfections in the preservation process, and hope you enjoy this valuable book.

"Trebor Aled."

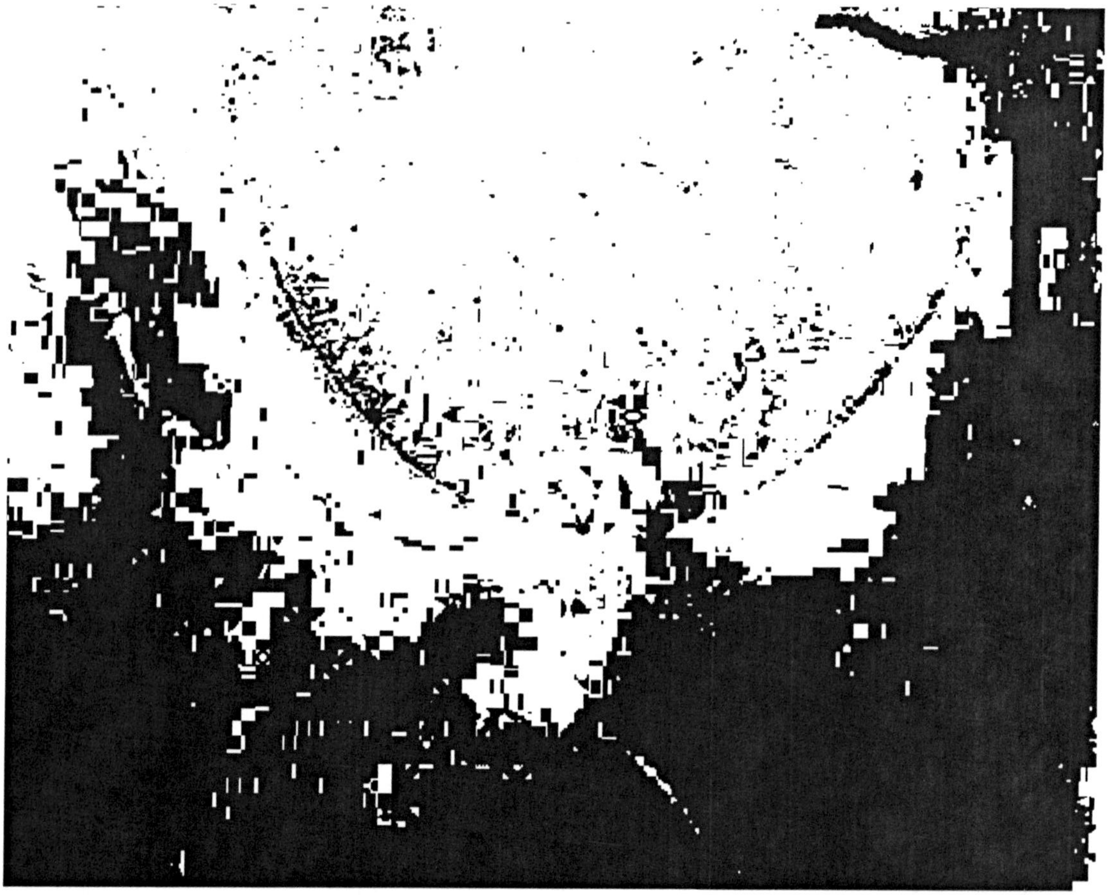

TALHAIARN:

GAN

TREBOR ALED

(Awdwr "Fy Lloffyn Cyntaf;" "Cofiant Thomas Jones;"
Awdl, "Geraint ac Enid;" "Pleser a Phoen").

Cyhoeddedig ar y cyntaf gan "Gymdeithas y
Brythonwyr," Llundain, 1901. Ail-argraphwyd
drwy ganiatad y Gymdeithas gan yr awdwr yn
y flwyddyn 1905.

TRYDYDD ARGRAPHIAD.

1916.

HARVARD COLLEGE LIBRARY
MAY 29 1939
RELEASED

Morris Gray fund

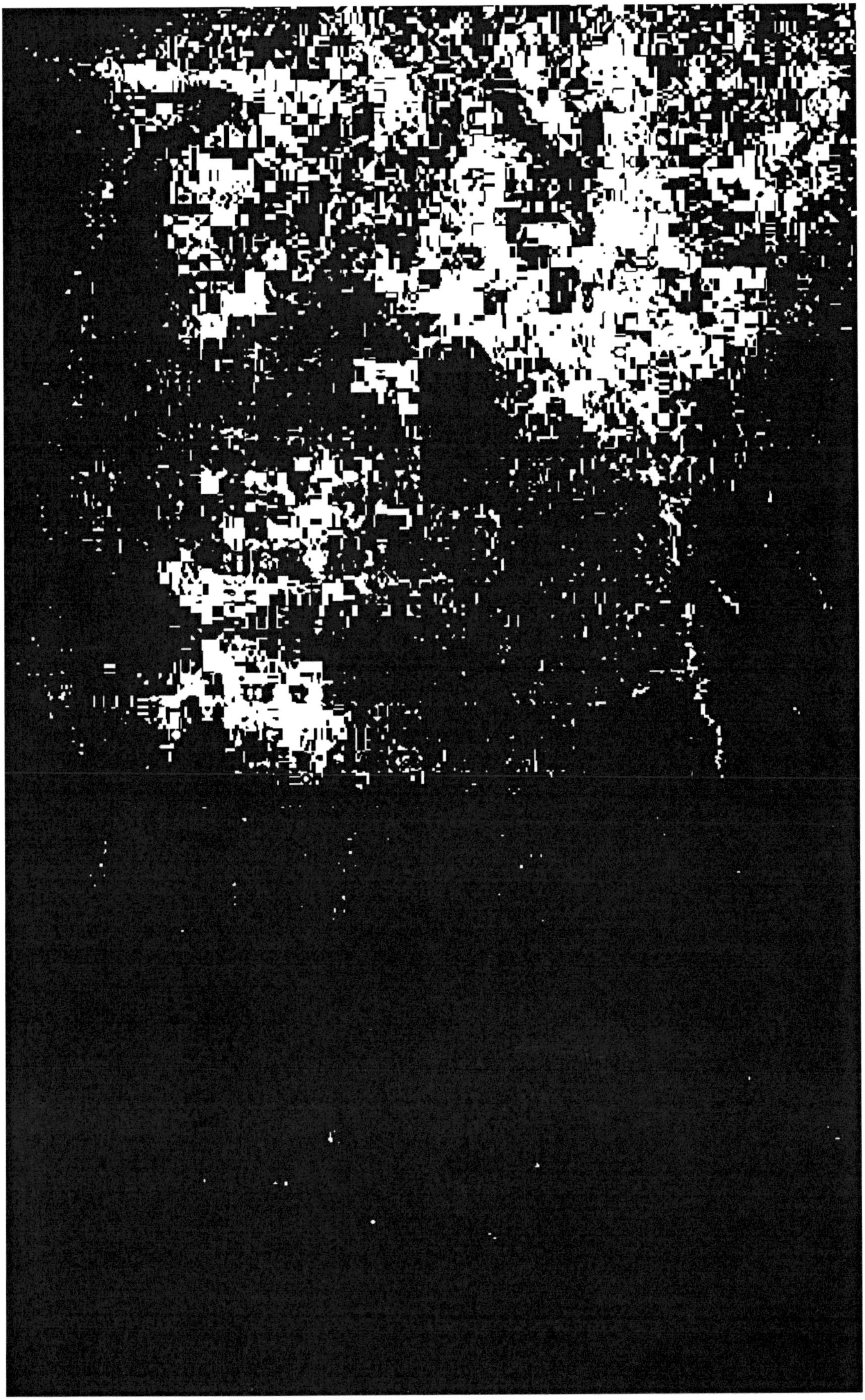

DR. PRICE MORRIS.

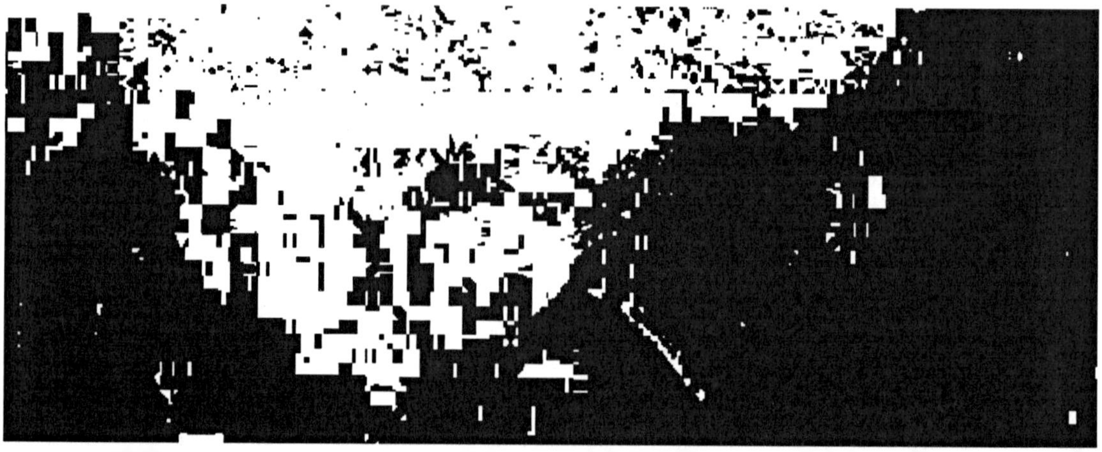

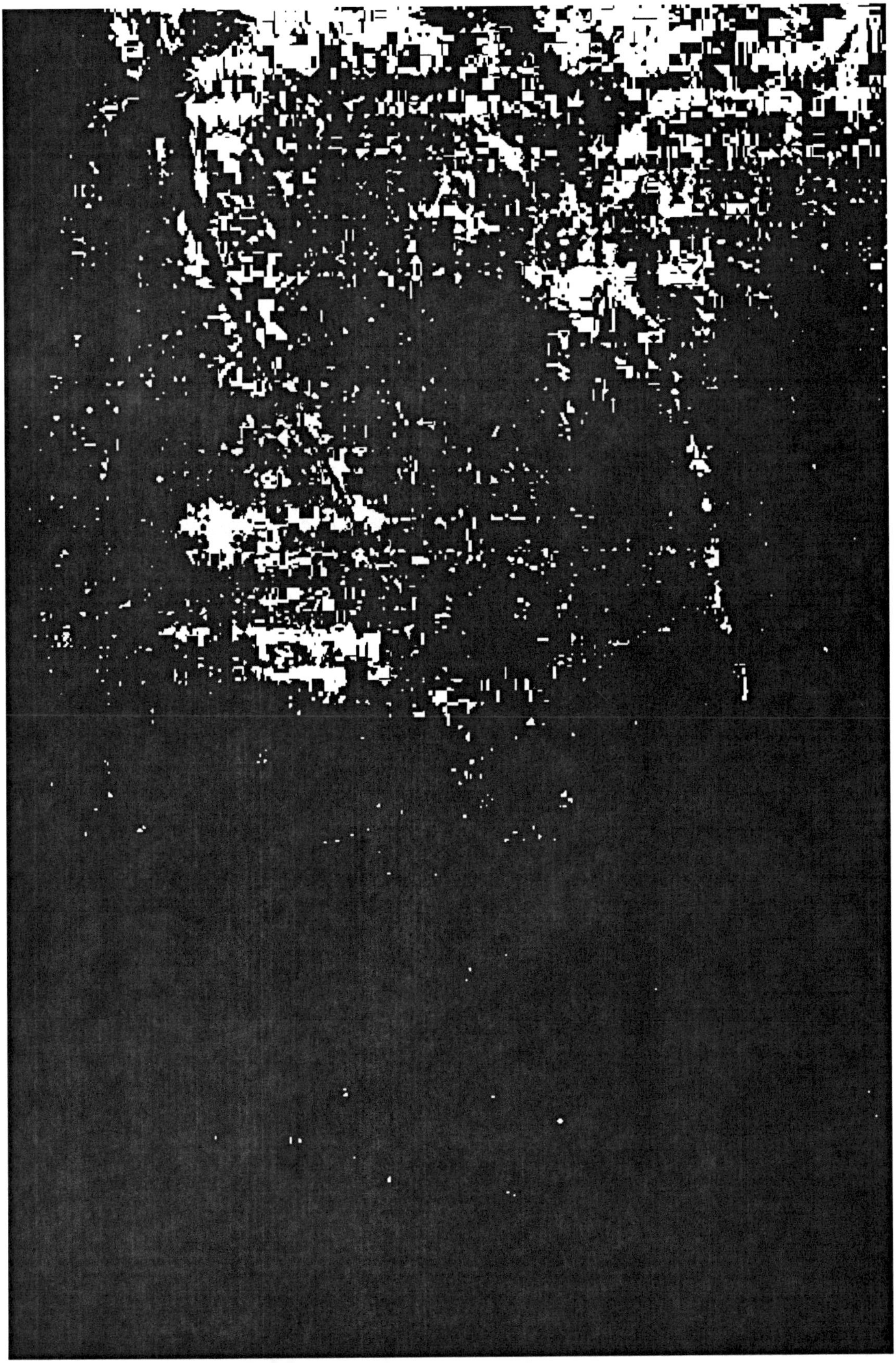

"Talhaiarn."
(Yn anterth ei ddydd.)

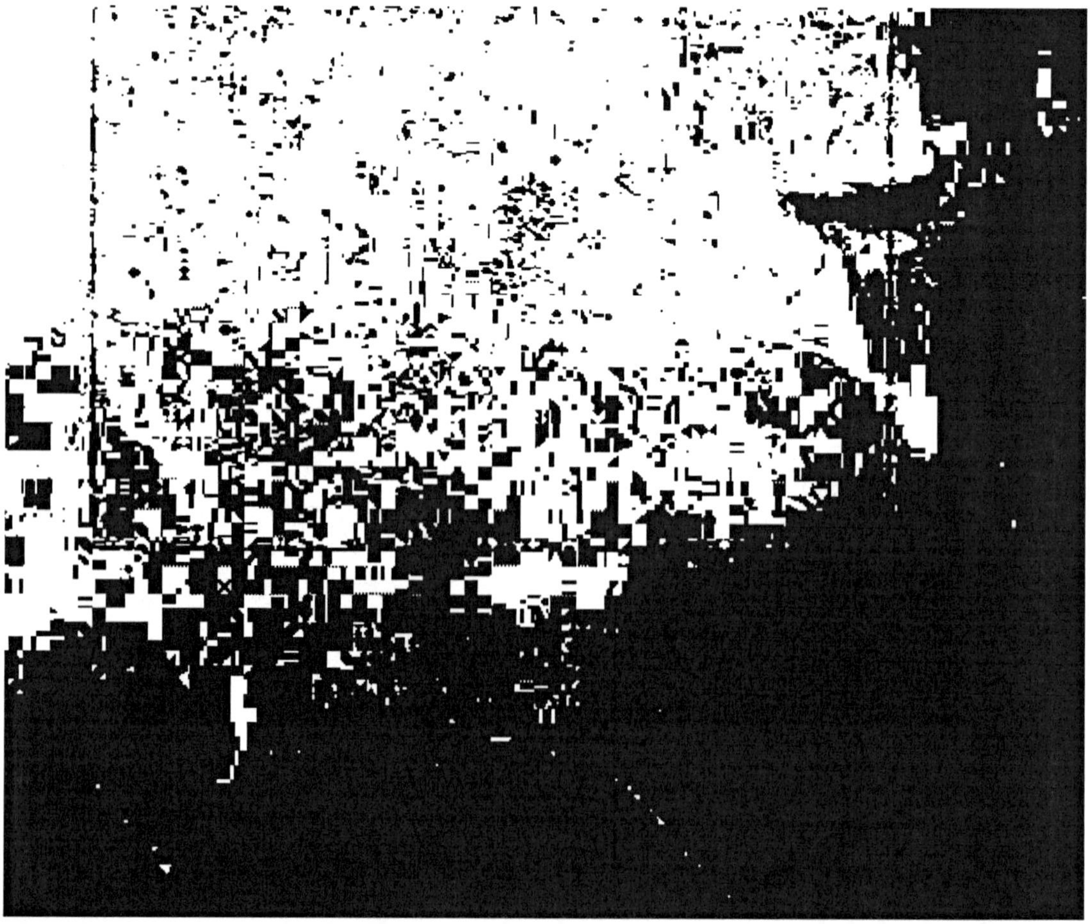

"Talhaiarn."
(Yn niwedd ei oes.)

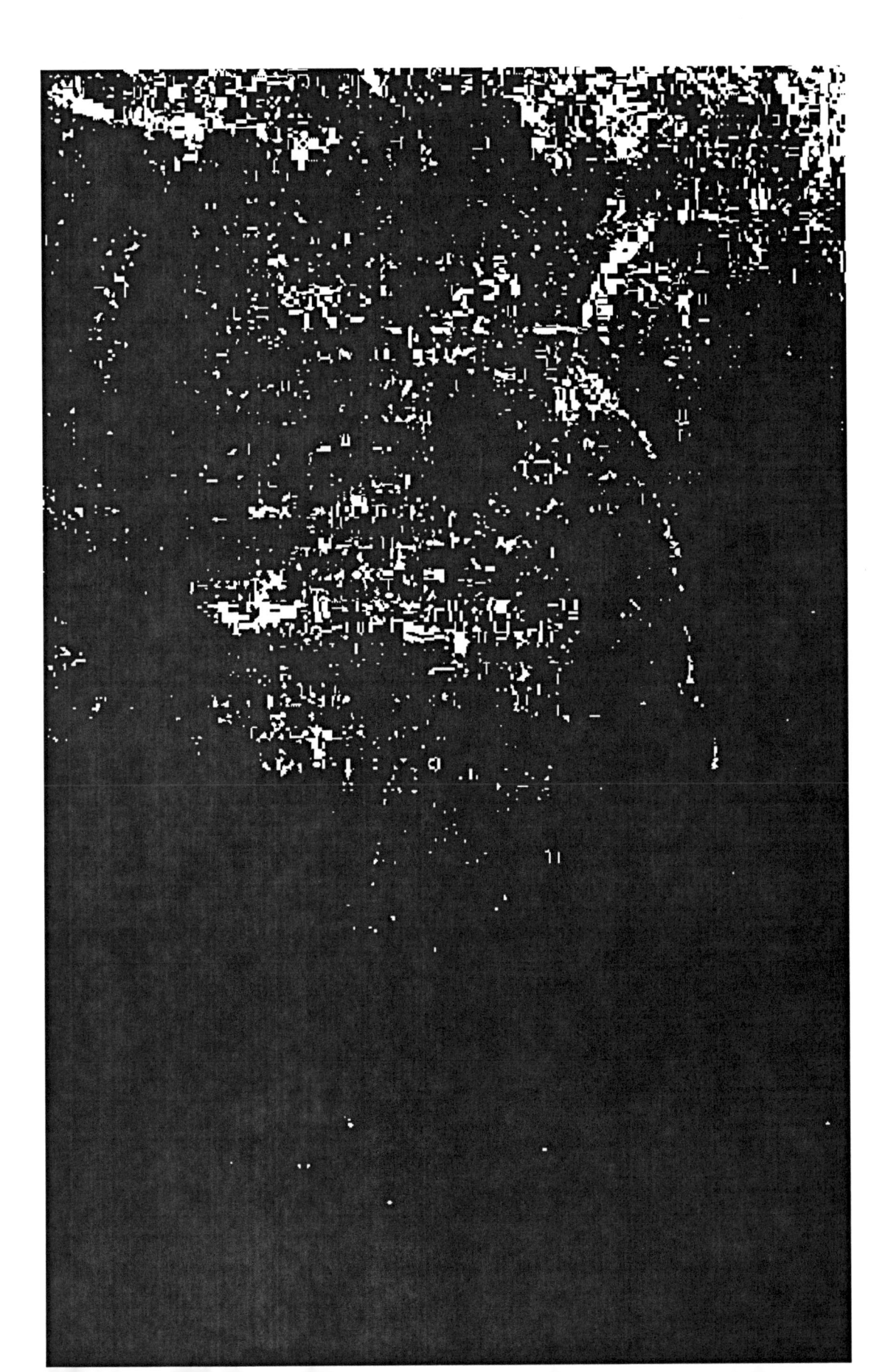

EI GÔFGOLOFN.

("Îs yr ywen ddu ganghenog.")

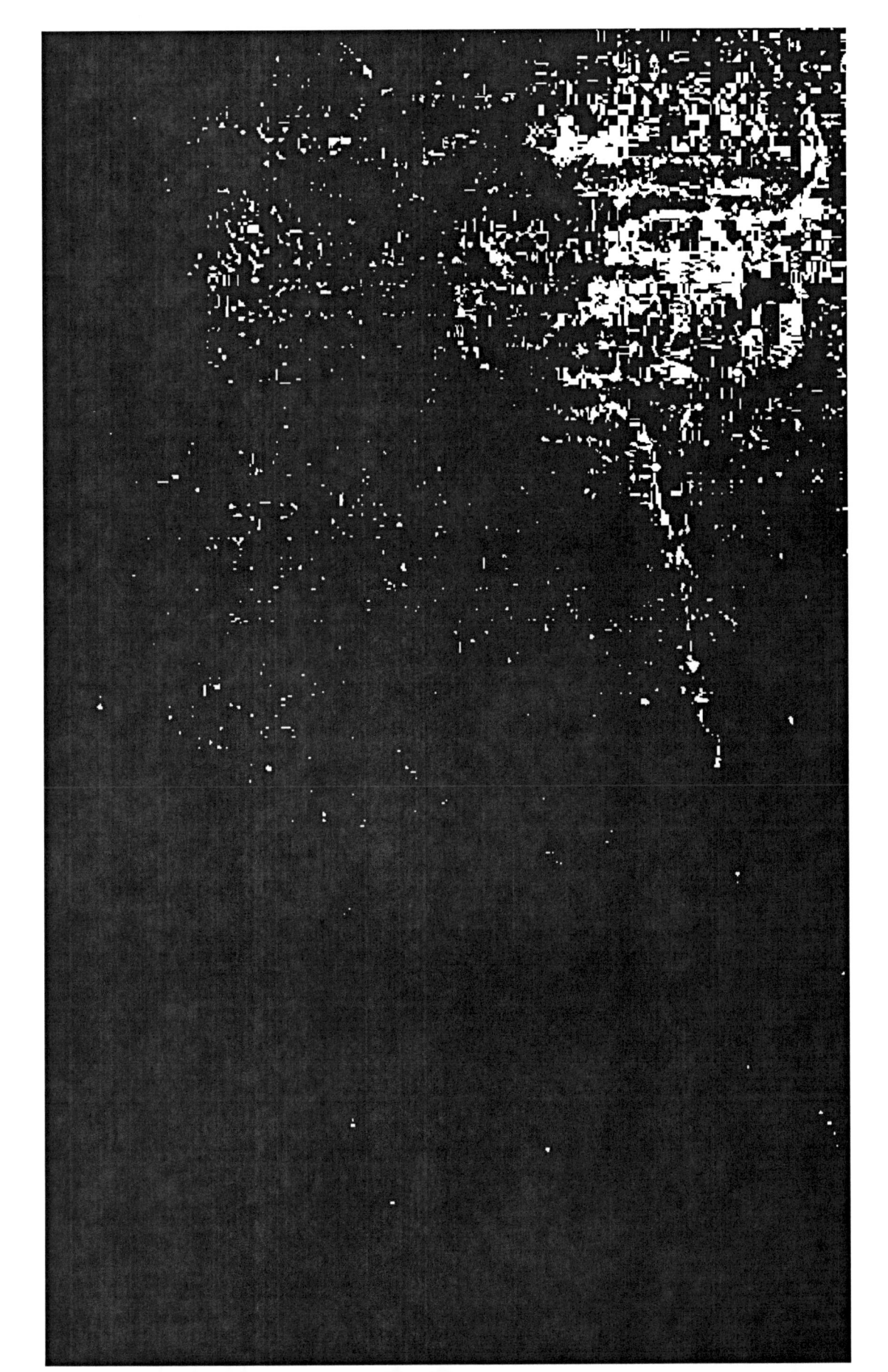

"Y LLAN-AR-FÎN-Y-LLI."

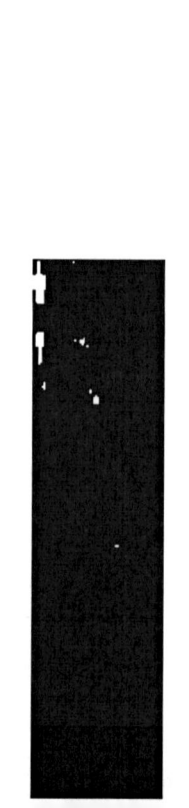

...u byw,
... y chariad,
... Dduw.

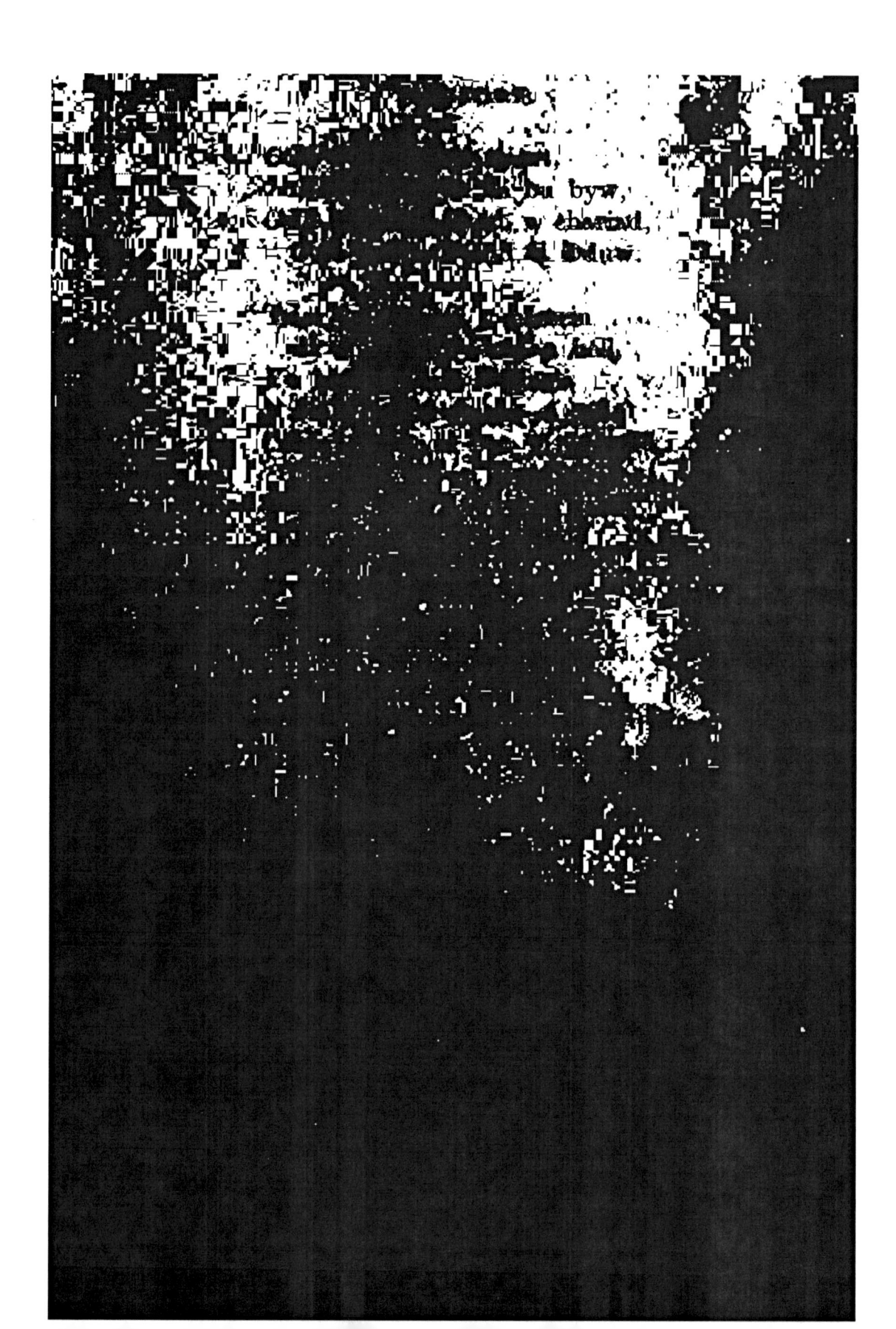

ATTODIAD.

YCHYDIG DDIFYNIADAU PELLACH O WAITH Y GWRTHDDRYCH.

PRIODAS TWM O'R NANT.

"Diwrnod mawr yn Llanfair oedd y 19eg o Chwefror, 1763. Dyna'r diwrnod y priodwyd Thomas Edwards (Twm o'r Nant), y bardd ffraethlymaf yn ei oes; gwelwch gopi o'r *Register* :—

"Thomas Edwards, of the Parish of Henllan, Batchelor, and Elizabeth Hughes of this parish, Spinster, were married in this church by licence, this nineteenth day of February, in the year one thousand seven hundred and sixty-three, by me,

EVAN EVANS, *Curate*.

This marriage was solemnized between us,

THOMAS EDWARDS.
The mark E of
ELIZABETH HUGHES.

In the presence of,

DANIEL LLOYD.
WILLIAM HUGHES.

"Gwelwch mai Ieuan Brydydd Hir oedd yr offeiriad, ac yr oedd ei glochydd dysgedig, Robert Thomas, yn gweinyddu gydag ef, ac ymhlith y gwyddfodolion gwelid Dafydd Siôn Pirs a Siôn Powel o Ryd yr Erin.

'Llon fu'r dydd yn Llanfair dêg.'"

rhyw hên erfyn mawr, rhydlyd. Cododd chŵydd anferthol ar fôch Dafydd ar ol hyny, a chanodd Bob Jones iddo fel hyn:—

'Dafydd Rowland, Garthewin Fawr,
Un fôch fechan ac un fôch fawr.'"

"Wrth sôn am yr enwogion a urddasant ein Llan, ni ddylwn anghofio 'Caledfryn.' Bu ef, pan yn ŵr ieuanc, yn byw yno am ddwy flynedd, ac o ganlyniad, cymeraf yr hyfdra o'i restru ymhlith ein Beirdd. Nid oes a fynwyf â'i opiniynau Dissenteraidd a Pholiticaidd, ond o'r ochr arall, yr wyf yn ei barchu fel un o feirdd godidocaf ein hoes. Y mae ei Awdl ar 'Longddrylliad y Rothsay Castle' yn orlawn o dân awenawl, ac yn anfarwol glôd iddo."

WESTMINSTER HALL.

"Adeiladwyd y neuadd gyntefig gan William Rufus, ac ail-adeiladwyd hi yn y dull presenol yn y bedwaredd ganrif ar ddêg gan Risiart yr Ail. Dywedir mai hi yw'r ystafell fwyaf yn y byd heb bileri i gynnal y *roof*. Y mae hi yn 290 o droedfeddi o hyd, ac yn 68 o led. Boed i bawb sy'n hoffi campwaith pensaerniol fanylgraffu ar y *roof*, o herwydd cyfrifir ef yn ben-ogoniant seiri coed yr holl fyd. Y mae llawer o ffeithiau hanesyddol yn perthyn i'r ystafell yma. Yma y crogwyd y banerau a ddygwyd oddi ar Siarls y Cyntaf yn mrwydr Naseby, ac oddi ar Siarls yr Ail yn mrwydr Worcester. Yma, ymhen uchaf y neuadd, y cyhoeddwyd Oliver Cromwel yn Arglwydd Noddwr (*Lord Protector*), ac yntau yn eistedd mewn gwisg o felfed porphor, sidan, ac *ermine*, yn dal teyrnwialen aur mewn un llaw, a Beibl

buasent wedi penderfynu yn unfrydol i fod yn dda eu tymher i ddioddef y gwasgu a'r ymwthio, heb rwgnach. Yr oedd y boreu yn lled gymylog, a gwlawiodd ychydig chwarter cyn deuddeg, ond cliriodd yr awyr yn ebrwydd, yn mhen pum' munud, ac ymddangosodd yr haul yn ei ogoniant dihefelydd, fel pe buasai yn gwenu ar ymdaith y Frenhines. Ac yr oedd nen fawr fwäog y Palas Gwydr yn gwreichioni yn ei belydrau, fel y deimond Koh-i-Noor (mynydd o oleuni), yr hwn sydd yn awr yn yr *Exhibition*, ac yn werth dau fyrddiwn o bunnau.

"Cyn gynted ag yr aeth ei Mawrhydi i'r Palas, codwyd y faner freiniol ar ei ben, a chlywem hwrê fawr o'r tu mewn nes oedd yr adeilad grisialaidd yn crynu. Yna eistedd y Frenhines ar ei theyrngadair, ynghanol yr holl deulu brenhinol, a dadganwyd y *National Anthem*, " God Save the Queen," gan gôr lluosog o brif gantorion Llundain, gydag organ fawr Gray a Davison ; a dywedir fod pob calon o'r pum mil ar hugain oedd i mewn yn dychlamu o serch wrth wrando ar yr Anthem anfarwol hon yn cael ei chwareu a'i chanu mor effeithiol.

"Nesaodd Arglwydd Archesgob Canterbury at y deyrngadair, a gweddiodd mewn dull tra defosiynol, i ymbil ar Dduw am fendith ar y gwaith. Wedi hyn, canwyd yr "Halelwia Chorus" gan gorau y Capel Breiniol, Eglwys Gadeiriol St. Paul, Westminster Abbey, a Chapel St. Sior, gyda'r organ ; ac yr oedd campwaith Handel yn llenwi 'r holl adeilad, ac yn creu yspryd addoliant yn yr holl wyddfodolion.

"Y mae tua deng mil ar hugain (30,000) yn ymweled â'r Palas Grisial bob dydd er gostyngiad y pris i bum swllt yr un, a derbynir dros ddwy fil o bunnau bob

RHAI O LINELLAU GOREU TALHAIARN O'I GYFROL GYNTAF.

BEDDARGRAPH:—

"Ofer yw balchder y byd—ac ofer
  Ei gyfoeth a'i wynfyd;
O ŵydd angau ni ddiengyd—
Yr iach ei fron na'r ucha'i fryd."

GWENO:—

"Caraf di, fy lili lân,
  Main dy goes, mwyn dy gusan.
Molaf dy gusan melus,
Dere, Gwen, a dyro gus."

AR OL MERCH IEUANC:—

"Y fûn liwus, fain, lawen,
  Y fenyw gu, fwyna'i gwên;
Trwm yw sôn wrth farddoni
Mai llŵch yw ei harddwch hi."

AR OL CYFAILL:—

"Pa fodd y gwywodd y gŵr?
  Pa fodd y cwympodd campwr?
Carwr ei wlad fâd a fu,
A churiodd wrth ei charu."

"Dirgel yw dy dawel dŷ,
  A di-wawl yw dy wely:
Ni wna llais na dyfais dyn,
Na gwenau haul y Gwanwyn,
Adfywio nerth dy fywyd
O waelod bêdd i wel'd byd."

Gwagedd yw'r cwbl:—

"Pobpeth syrth i byrth y bêdd,
Yn dawel yn y diwedd;
A rhwydir pob anrhydedd,
A hoen y byd yn y bêdd."

Y Beirdd:—

"Maent hwy, yn gwybod mwy, na gwybed mân."

Ei Bertrwydd Cynganeddol:—

"Myn cebyst, a myn caban,
Myn ci brŷch, a myn cyw brân;
Myn Siân bert, a myn Siôn bwt,
Myn crîn libin a'i labwt."

Y mae detholiad Talhaiarn o hên Benillion Cymreig, yn ei ail gyfrol, yn rhagorol dros ben, yn cynwys y gemau mwyaf difyr mewn iaith. A'i Ryddiaith wedyn yn yr un gyfrol, y tu hwnt i ddisgrifiad mewn doniolwch a difyrwch, dan y pennodau "Geirdarddiad," "Cymraeg Glân Gloyw," "Y Cloc a'r Badell Ffrio," "Y Drol a'r Dâs Wair," &c. Ac er fod ei Drydedd Gyfrol yn llai ei maint, mae yr un mor awgrymiadol ei chynwysiad. Mae ei ysgrifau ar y Mesurau Barddonol yn neillduol o ddoniol a chyrhaeddgar, a cheir ei feirniadaeth ar "Emrys" gydag Awdlau Abertawe ymysg y pethau mwyaf tuchanol a ddarllenwyd erioed, a theimlir trwy'r cwbl fod "Tàl" yn feistr perffaith ar yr hyn a gymer mewn llaw.

Wrth gloi i fyny ein sylwadau am y gwrthddrych talentog, gellir dweud fel y dywedasom rywbryd am rywun arall:—

"Llefara'n hîr trwy'r llyfrau wnaeth—heb os,
Caiff o hyd aros, mewn coffadwriaeth."

535894

Talhaiarn (pseud.)
Jones, R
Talhaiarn.

OF BORROWER.

LCelt
T1453
.Yjo

CPSIA information can be obtained at www.ICGtesting.com
Printed in the USA
BVOW03s0956220115

384486BV00016B/168/P

9 781149 551684